22 waldgut **lektur** poesie

Rudolf Bussmann

Im Stimmenhaus

Gedichte

waldgut

2. Auflage

Alle Rechte vorbehalten
Copyright Waldgut Verlag und Autor
2008 Frauenfeld

Gestaltung, Handpressendruck Umschlag
Atelier Bodoni Frauenfeld
Lektorat und Satz
Dr. Monika Oertner
Druck Inhalt und Bindung
Baldauf Daten I Medien I Druck, Albstadt

ISBN 978-3-03740-369-3

Waldgut Verlag
Industriestraße 23
CH-8500 Frauenfeld
www.waldgut.ch

Nur Mischung ist und Austausch des Gemischten;
Nur Elemente sind, die sich vermengen,
So wird bald dies, bald das, und stets aus Gleichem.

   Empedokles

Inhalt

Geschrieben in Staub

10 Ode an den Staub
15 Déjeuner sur l'herbe
16 Ländler
17 Richtstatt
18 Der Bergsteiger
19 Verwandschaft
20 Die Stimme
21 Ich schlug einen tot
22 Fremdung
23 Allerseelenwalzer
24 Nachricht
25 Der Beantworter
26 Die Rose des Fernfahrers
27 Orientierung

Gehen am Himmel

30 Der Kunstflieger
31 Englisch im Viervierteltakt
32 Wartetraum
33 Habichtsschlaf früh
34 Marsch tot um
35 Heimweg, Oktober
36 Rhein. Abend
37 Totenvogeltango
38 Es
39 Gehen am Himmel
40 Take off, spät
41 Kosmischer Reigen
42 Novemberzigarette
43 Der Kugelstoßer
44 Kammerspiel
45 Schlaflied
46 Zauberspruch

Gezügelte Glut

48 Flüsternacht
49 Gespräch
50 Komm in den Bauch des Elefanten
51 Annas Hand
52 Liebeslispeln
53 Dornröschen
54 Du, plötzlich
56 Ratschlag zum Verzehr der Seidenraupe
57 Quartier
58 Nachtarbeit
59 Späte Sonne
60 1968
61 Nein. Nie!

Versinkender Tempel

64 Früher Ibis
65 Roter Ballon
66 Fischerlatein
67 Erinnerst du dich?
68 Am kleinen Platz
69 Jonas
70 Der Kajakfahrer
71 Begegnung
72 Versinkender Tempel
73 Der Wasserskifahrer
74 Schubertiade

Geschrieben in Staub

Ode an den Staub

1
Er ist da. Einfach da.
Aus dem Nichts gekommen
Weggewirbelt aus den Zeiten
In die Zeit
Pulsierender Zeuge des Urknalls
Auf atemlos dahinfahrenden
Interstellaren Wolken
Schwebend über der glühenden Erde
Über dem Brodeln und Dampfen
Den Kanten, Schrunden, sich öffnenden Klüften
Deckt er die Blößen
Mit ruhiger Bewegung.

2
Ungegriffen
Wandert er über die Grenzen
Von Atmosphäre zu Stratosphäre
Von Land zu Kontinent
Von Zimmer zu Zimmer
Kein Fleck ist ihm
Zu klein sich niederzulassen.

3
Auf den Fenstersims hat er fraktale Muster gemalt
Unter die Bettstatt Runen geschrieben
Rohes Geklump modelliert zu kühnen Frisuren
Die Kommoden überquellen von Ornamenten
Vignetten, anatomischen Skizzen
Aus seiner spielerisch
Expandierenden Werkstatt.

4
Glitzernd
Betritt er die Bühne
Flimmernd
Schimmernd
Einen Sonnenstrahl als Kostüm
Wie er funkelt, leuchtet, aufblitzt
Wie er blinkt, gleißt, blendet
In der aufwendigsten Show der Welt
Myriaden von Mitwirkenden
Eine perfekte Regie
Jede Drehung ein Strahlen
Jede Wendung ein Glanz.

5
Er ist da. Er ist nicht da
Verschwunden bei bloßem Verdacht
Haftbar für nichts
Am Ort wo er war
Wird er nicht wieder sein
Er zieht in kein besseres
Kein schlechteres kein kommendes Jahrhundert
Seine Haut ist das Jetzt
Alles an ihm
Vibriert vor Gegenwart.

6
In Residenzen, Palästen geht er
Mit den Herrschenden ein und aus
Unfähig des Verrats
Niemals von niemandem käuflich
Unberechenbar und einsam
Ein Kosmopolit ohne Land und Besitz
Ewiger Flüchtling
Ewig Rebell.

7
Beim kleinsten Anlass fährt er hoch
Wölkt sich, ballt sich mit losem Zeug zusammen
Zur einfallenden Nacht
Verwüstet Städte und Dörfer
Wo er durchzog
Brennt tagelang sein Feuer
In Augen und Lunge.

8
Ein Staubkorn vergrößert sieht aus wie ein Stein
Weiter vergrößert wie ein Alpenmassiv
Weiter vergrößert wie aus dem Raumschiff
Die Erde.

9
Staublappen, Staubsauger, Staubkamm
Niemand heißt ihn willkommen, er gilt als
Bedrohung der Ratshäuser, als Feind der Staatshygiene
Staubbesen, Staubpinsel, Staubfänger
Als Chaot im allgemeinen Putz- und Aufputz-, Wegputztum.
Wie viele sind schon verzweifelt
An seiner Beiläufigkeit, seiner Grundlosigkeit
Seiner Art auszuweichen
Um in Erscheinung zu treten
Seiner bodenlosen Anarchie.
Staubdicht, staubfrei, staubtrocken
Im generalstabsmäßig koordinierten Programm
Zur Herstellung von Staubfreiheit
Ist die Familienarmee im Einsatz
Der Haushalt in Alarmbereitschaft
Aufgeboten das ganze zeugungsfähige Geschlecht
Gegen das Vertrocknen der Schleimhäute
Gegen das Verlanden der Gleitzonen
Gegen die Wüste im Sofa.

10
Fragen Sie Ihren Staubberater
Beachten Sie die Staubvorschriften
Ab Staubfstufe drei werden gratis Staublungen abgegeben.

11
Da fliegt er
Da steigt er
Da türmt er sich auf
Dringt ein
Vermischt sich
Vermengt sich
Verfilzt sich
Verklebt sich
Dient sich an
Unterwirft sich
Allem und jedem sich unterwerfend
Die Welt.
Da sitzt er auf der Krone
Als Krönung der Krone
Der Schöpfung.

12
Setz dich in den Staub
    Leg dich in den Staub
        Sinke hin in den Staub
            Krieche im Staub
                Friss vom Staub
                    Werde zu Staub!
                      Aus Staub geboren
                  Aus Staub sich erhoben
              Vom Staub sich gelöst
            Vom Staub sich befreit
        Mit dem Finger den Namen
Geschrieben in Staub.

13
Das Korn, die Krume
Wäre sein Ich
Die Ringel, die Kringel
Wären sein Wir
Gelb lockendes Taumeln
Von Blüte zu Blüte
Wäre sein Du.

14
Die Pünktlichkeit, mit der er zur Stelle ist
Die Umsicht, mit der er
Diskret seinen Mantel ausbreitet
Wenn er sich niederlässt.
Seine Bereitschaft, auf den leisesten Wink hin
Die Fahne zu entrollen
Eine Pirouette zu drehen
Sich auf den Weg zu machen
Der stets der richtige ist
Eingesogen, fortgeblasen, weggespült
Abgewischt, geschluckt.

15
Er geht heil aus jeder Zerstörung
Verjüngt aus den Trümmern hervor
Aus Inferno und Krieg federleicht.
An ihm versagen die Düsentriebwerke
An ihm versagt die Geduld und die Weisheit
Die Geschichte, der Tod.

Déjeuner sur l'herbe

Weiche Rücken weidender Schafe
Wogende Polster im Halbkreis
Unter die Sonne gruppiert
Und der Rücken des Bauern
Der sich nach Birnen bückt
Wäre der Tisch.

Ländler

Bei uns geht's zu, geht's heißa wie
Ich weiß nicht, wo es so
Hoch zugeht wie bei uns
Wo's zugeht hoch wie nie.

Bei uns geht's zu, geht's high zu wie
Ich weiß nicht, wie um uns
Es hergeht, wenn wir high
Auf uns zugehen, ei! nur wie.

Bei uns ging's zu, ging's hoch zu wie
Ich weiß nicht, wie hoch ei!
Es zuging, als um uns
Es herging, um uns ging es zu.

Richtstatt

In schwarzen Roben
Warten am Tor
Die Eichen

Ein Körper liegt
Auf nacktem Boden
Eine Faust eine Axt

Von der Schneide rinnt
Ein Tropfen
Mond.

Der Bergsteiger

Entschlossen steigt er
Am Stammtisch die Hand
Um das Glas wie um einen letzten
Eingeschlagenen Haken ein in die Steilwand
Über der Schlucht und zeitenverkehrt
Verliert er den Halt am glitschigen Fels
Nirgends ein Vorsprung
Ein Spalt, eine hilfreiche Ritze
Und drunten in grausiger Tiefe ein Schrei

Steinbrocken sausen durch die Luft
Spritzt Bier und sein Fuß
Schlägt verloren unter den Tisch
Über dem Abgrund das Glas
Und die erfrorenen Finger
In den Schwanz einer Gemse verkrallt
Wird er fröstelnd im Hemd
Aus dem Wildstrubelmassiv nie wieder
Zurückfinden zu uns.

Verwandtschaft

Im Schnellzug nach Basel
sehe ich zwei meiner Neffen
Kinder meiner Schwester, größer geworden
und ernster, vertieft ins Gespräch.
Ich gehe zu ihnen hin, da strecken sie mir
die Fahrkarten entgegen, zögernd auch
einen Flugschein Frankfurt–Ankara.
Sie verstehen nicht, was ich sage
stecken die Fahrkarten wieder ein
trinken Bier und reden weiter
in ihrer Sprache. Nun hab ich
zwei Neffen irgendwo
in der Türkei.

Die Stimme

Noch sind sie da sagt sie
Die Freunde die Berge
Das Licht in der Schale die Früchte
Woran sich die Sinne
Unmerklich verjüngen

Hin und her in der Küche
Wandere ich und alles wächst
Die Zwiebeln im Korb der Abfall
Das Wissen der dunkle Fleck
Auf der Lunge der Schimmel

Noch sind wir da sagt sie
Durch die Leitung das Rauschen
Der Sehnsucht der Tag und die Nächte
Hörst du? Fragt sie durch die Stille
Stoßen die Zwiebeln
Ihren Spross aus dem Schoß.

Ich schlug einen tot

Ich schlug einen tot
Im Traum schlug ich ihn tot
Er hielt einen Revolver auf mich gerichtet
Schoss und schoss
Die Kugeln gingen durch mich hindurch
Dann packte ich ein Tischbein
An dem ein Rest des Tischblatts noch hing
Ging auf ihn los
Schlug und schlug
Die Hände hielt er bittend erhoben
Oder betend oder vor Schmerz
Und wie er langsam in Stücke zerfiel
Sein Körper unter den Hieben zerfleischte
Ward ich erfüllt von einer tiefen
Alttestamentlichen Liebe.

Fremdung

Die Nacht erfindet einen schwarzen Raum
Die Sterne flunkern Wände hinein
Ein Holzwurm tastet nach mir.

Allerseelenwalzer

Die Ahnen sind nahe. Sie haben dich lieb.
Sie hüten seit Generationen im Herzen
Dein Blut. Wenn du lachst, lacht ihr Mund, wenn du zürnst,
Stehn sie da mit erhobener Faust
Und bückst du dich, glüht
In deinen Gelenken ihre Arthrose.

Brauchst nicht auf den Friedhof zu gehn, in der Wohnung
Sind sie versammelt, ein tanzender Kreis
Um den Schlafzimmerspiegel gruppiert beschauen
Sie lange dein Haar, beugen tuschelnd sich vor,
Wo die Hand einer Falte entlang streicht, und sperrst du
Den Mund auf, zählen sie ruhig die Jahre
Die forteilenden Jahre in ihrem
Kariösen Gebiss.

Nachricht

Heute Morgen wurde mein Gehirn ins Haus gebracht
Der Postbote klingelte weil es im Briefkasten
Nicht Platz fand. Ich trug es hoch
In die Wohnung hob Scheibe für Scheibe heraus
Wie Portionen aus einem Partybrot.

Es lag auf Tisch Stuhl und Boden
Schwarze Schmetterlingsflügel
Mäandernde Flüße Großstädte
Mit zerbrechlichen Rändern. Aug in Auge stand ich
Mit mir (Befund: keiner) strich dem Thalamus
Entlang den Finger am Innenohr
An der Zirbeldrüse.

Ich sammelte das Hirn wieder ein
Im Umschlag frankiert auf dem Schrank
Wird es weiter denken sich einen Planeten
Erfinden, der um die Sonne kreist
Mit Bäumen drauf, Vögeln
Einem Herzen, das stockt
Wenn es klingelt.

Der Beantworter

Ein Stockwerk unter mir spricht eine Stimme
Abwesend eine Nummer vom Band
Immer die gleiche im selben Ton
Nach kurzer Pause eine andere Stimme
Mit einer Frage einem verzweifelten
Ruf in exakten Synkopen
Dirigiert ein Klicken im Raum
Unter mir den solistischen Chor

Und Schritte sind da auf knarrender Diele
Stellt der Nachbar Rettung in Aussicht
Klärt ohne zu zögern was es zu klären
Rät was es zu raten gibt im Stimmenhaus
Steigt Antwort um Antwort herauf
Vor den Bildschirm wo meine Frage
Immer die gleiche in wechselndem Ton
Mir unter den Fingern verklickt.

Die Rose des Fernfahrers

Du lacke Blüte
O Rose giftgrünes
Frontscheibenblatt

Und locke Düfte
Rose o hebt sich
Löckend der Kühler

Lickst du herüber
O Rose mit deinem
Luckenden Kopf

Dein weiches Wippen
Rose am lecken
Stahlfederstiel.

Orientierung

Möglicherweise Salamis
Im Schaufenster türkischer Schnaps
Oder Handtäschchen aus Leder
Darüber geblendet das Skelett
Eines Laufkrans am Hafen

Im Glas ohne Rahmen
Meine Gestalt halb verdeckt
Der Ausstellungssaal
Mit vereinzelten Leuten

Zwischen Ramallah
Bangladesh und Belgrad
Eine Krippenfigur reglos
Ins Licht geschnitten
Dein Scheitel.

Gehen am Himmel

Der Kunstflieger

Mitten im Flug auf dem Scheitelpunkt
Des Loopings fiel
Auf einmal der Lärm aus
Die Lichter an Bord erloschen
Vor das Fenster trat die Nacht
Bäume standen gruppiert über dem Mond
Lampen paarten sich mit Lampen zu Sternbilderbogen
Auf ruhigen weit geschwungenen Bahnen
Kreisten Dörfer und Weiler um einen
Unendlich fernen Punkt.

Das Licht ging wieder an
Vor dem Fenster saß er gespiegelt und schaute
Mit großen Augen herein
Die Felder die Schatten von Hügeln
Der Mond und schimmernde Flüsse vollendeten
Um ihn ihren Kreis
Er lächelte, winkte und war
Von keinerlei Existenz.

Englisch im Viervierteltakt

Mein Seel möcht gehn away from here
Will Engel sein, ihr ist mein Leib
Nicht good enough, so geht mein soul
Mein treue soul away
Away lässt mich alone
Kommt never back
Down here ich Rest muss gehn mein way
Alone ich rest auf Erden wenn sie
Angel wird so lass mich auch
Lass mich verdammich Engel be
Down here and there und everywhere
Wohin sie geht, lass mich hingehn
Lass mich verweilen, too. Alas
Ich darf, ich kann, ich will noch nicht
Alas, muss bleiben wo ich bin
Seit je schon wusste sie to go
A way irgendwohin a way
Den ich seit je don't know.

Wartetraum

Alle schauen die hier sind
Auf die Uhr
Auch die keine haben
Schauen auf die Uhr
Muss wohl spät sein
Zu spät vielleicht oder
Schon Zeit.

Habichtsschlaf früh

Treibend über der Brache des Halbtraums
Atmende Flügel in meinem Gesicht
Lauernd
Auf das Erwachen

Habichtsschlaf
Mit harten gelben Augen
Spähend
Nach der mageren Beute.

Marsch tot um

ff. Luft geholt, eins zwei
tief lang, drei vier
die Lunge, fünf, platzt schier
Atem an, sechs, sterben marsch
    pp. Leicht geworden, schwerelos, ein Schmetterling, ein Blatt
    ein Hauch noch diesen einen Augenblick

ff. Raus die Luft, eins zwei
lang ganz, drei vier
zum letzten, fünf, Mal noch
Atem aus, sechs, sterben marsch
    pp. Schwer geworden, seelenlos, ein Sack, ein Ding, Stück Erde
    diesen letzten Herzschlag noch

ff. Tot um, eins zwei
Augen zu, drei vier
das Leben, fünf, aus Schluss
Atem weg, sechs, gestorben marsch
    pp. Durch die Brust, blind, taub, ein Schmetterling, ein Hauch, zieht
    Luft, mehr Luft zieht ein, zieht ein der nächste Schnauf.

Heimweg, Oktober

Lange noch tanzen die Sterne
Auf unseren Köpfen
Zum Rhythmus der Schritte
Den Haarspitzenreigen

Sie tragen Sonnenbrillen
Und trällern den Tango
Vom wachsenden Glück
Der lichtscheuen Zeit.

Rhein. Abend

ein
Arm Gottes
fällt zwischen den
Wolken brennend hinunter
zum Fluss und die Tropfen verlieren
die Farbe den Halt entsagen der Schwerkraft
steigen die Manschetten steigen den Ärmel hinauf nicht
Wasser noch Luft schieres Licht steigen sie auf und auf und
auf einmal schwindelfrei fort! von der zu Nacht zerfallenden Erde.

Totenvogeltango

Wir sind es, die himmli-
   die himmli-
      schen Scharen
die Schwärme
   die Seelen
      vom See
die Flügel gefroren aus Nebel aus Ne-
   am Wasser am Ufer am Quai

Wir stürzen mit runden
   mit kreisen-
      den Augen
und blutrot
   die Krallen
      hinab
drehn weg und verschwinden im Nebel im Ne-
   ein Fächer ein Bogen ein Zeh

Und kommen vom Himmel
   wir Schwärme
      und greifen
hierhin
   und dorthin
      ein Schrei
ein Drehen ein Schwindel durch Nebel durch Ne-
   verloren vorüber vorbei.

Es

Es schweigt sich
Mir aus

Vertritt mir
Das Wort

Geht mich um
Sich an.

Gehen am Himmel

Vor dem Hotel ein Baum
Über der Gracht ohne Blätter
Am Ast hängt ein Paar Schuhe
Die Senkel unrettbar verknotet
Im Jubel Zorn oder Leichtsinn hochgeworfen
Und hängen geblieben

Nach Rembrandt und van Gogh
Blicken wir Arm in Arm zu ihnen hoch
Und Jahre danach blieb
Von den Gemälden in Amsterdam
Dies kühle Vermeerblau und darin
Zwei Schuhe schaukelnd

Darin geht ein Wind
Mit unserer Geschichte.

Take off, spät

Die Welt ein kleines Oval gepanzertes Glas
Die Flughafengebäude verglühen in langen
Nicht abreißenden Bändern springen die Funken
Durch leuchtende Siedlungen
Pulsierende Flecken Wirbel Spiralen
Perspektivisch ins Nichts verlaufende Schlaufen
Rätselhaft blinkende Zeichen
Weggewischt von leichtem Gewölk.

Gewitterzonen im stellarischen Nebel
Mächtiges Ausgreifen von Blitzen durch grün
Gelb rot sich verspritzenden Schaum
Gähnt ein Loch zwischen dem kühlen
Zischen der Düsen rast ein Stück
Gebirge im zerbrechlichen Himmel
Hauchdünn unter mir
Die Schale des Monds.

Kosmischer Reigen

kein Weg
ist kein Ziel
wir Winde stürzen
im freien Fall durch das
unaufhörlich anwachsende
unersättlich um sich greifende
sich sprengend neu ordnende Chaos
der Nebel Systeme und Sonnen
hin und her wirbelnder Sog
von Vakuum und Druck
ohne Zeit ohne Weg
kein Tod uns
kein Ziel

Novemberzigarette

Der Sommer hat alle
Versprechen gebrochen
Die ich ihm gab

Kurzsichtig scharrt sich
Ein Vogel ins Laub

An der Wand
Steigt kühl der Rauch
Aus meiner Hand.

Der Kugelstoßer

Nach rückwärts gebeugt
Zwei Köpfe am Boden
Würde Anlauf er holen

In einer Kunstdüngerwolke
Die Feder aus Schmerz
Schnellte ihn hoch ins Feuer

Des Scheinwerferlichts raste die
Schmelzende Kugel und im Applaus
Sackte er vorwärts

Gebrochen aus Lautsprechern die Zahl
Zu den Wurzeln zurück Schädel
An Schädel ins gleißende Dunkel

Gereckt seine Hand
Und der Schmerz der
Ohnmächtige Schmerz reißt

Ihn hoch! noch einmal
Und nochmals

Kammerspiel

Ein blühender Ast auf dem Klavier
Von der schräg einfallenden Sonne
Zur Wand hin geworfen
Schnäbel Flaumfedern Schweife
Unter zitternden Wimpern ein großes
Offenes Auge

Es wandert schielend durchs Zimmer
In den Warzen Klauen und Bäuchen
Der sich verformenden Zweige
Nähert es sich
Im letzten Licht
Dem Schatten des Spielers.

Schlaflied

Spät war es, als die Ruhe kam
Ein Buch aufschlug, am Bettrand saß
Und Unverständliches vorlas
Bevor sie ging und dich mitnahm.

Zauberspruch

Springfield also springe
Singapore also singe
Whitehall halle
      hohl und weit

Eiland also eile
Weiland du ach weile
Herbstzeitlose
      lös die Zeit!

Gezügelte Glut

Flüsternacht

Du streichelst meinen Namen
Mit den Lippen streichelst du
Mit der Zungenspitze
Streichelst mit dem Gaumen
Der Kehle dem Atem streichelst
Du meinen Namen mit dem Bauch
Der Brust dem Schoß
Streichelst du meinen Namen
Befühlst ihn massierst ihn
Legst ihn in die Wiege des Ohrs
Behauchst ihn betupfst ihn
Stillst meinen Namen
In Schlaf.

Gespräch

Ich würde einfach
So liegen mit dir
Einfach so in den Puls
Der Dinge gelegt
Pulsierten einfach die Worte
So mit uns.

Komm in den Bauch des Elefanten

Komm in den Bauch des Elefanten
Vergiss die Vögel fahre
Mit der Milz über den Okowango
Strecke dich aus auf dem Lager
Aus Heu und Enzymen
Durch den sternlosen Himmel hinüber
Nach Tananarife

Komm aus dem Zoo
Der Menschen in die schaukelnd
Uferlose Prärie
Aus Traum und Galle wächst uns
Eine Haut so zart
Wie Diamanten
Im Liebesgrottenbauch des Elefanten.

Annas Hand

```
                dann                                    ach
        Haar         sah                         am
     das                   Nachbar         Anfang
    lang                   Hans     stand
   Arm                       Anna
   Karls                am     nahm
      an             Rand             sacht
         Anhang     kam                 Annas
              als                            Hand
```

Liebeslispeln

Eine Nacht lang führst du
Das Wort mir im Leib
Füllst meinen Mund mit
Geflüsterten Sätzen im Bauch
Gurgeln Schreie über die Zunge
Rinnt Sehnsuchtsgewisper die Nacht lang
Zieh ich das Wort dir
Aus dem Leib perlende Seufzer
Ungeborene Laute über die Zunge
In den gurgelnden züngelnden
Hungrigen Mund.

Dornröschen

Und als der Königssohn durch die Hecke ins
verwunschene Schloss kam
traf er die Tochter ruhend auf dem Sofa
ihre Hand spielte auf den Tasten der Fernbedienung
da sah der Königssohn die Dienstboten
unter versilberten Leuchtern ihrer Herrschaft
in ausgefallener Stellung zu Willen sein

Die Finger bespielten die Tasten und bellende Hunde
rannten hinter zwei Fliehenden her auf dem Dach
saßen Uno-Beobachter ein Mann mit Brille
äußerte sich zur endogenen Depression
der Koch gab dem Jungen
den Silberpokal in der
Nachwuchsausscheidung und wiederholte
die Zutaten für vier Personen

Und es beugte der Königssohn sich über die Frau
die war so schön dass er den Blick nicht von ihr wenden konnte
sie duftete nach Kerastase und Laura Ashley
und er sagte zu ihr: Die Zeit ist gekommen. Erwache.
Sie hob den Kopf sah ihn an mit den Augen der Tiefsee
drückte die Tasten und
verschwunden war er.

Du, plötzlich

Wie bitte? Du?
Ist es möglich? Du hier!
Ehrlich, dich hätte ich zuallerletzt
Darauf war ich nicht – obwohl, damit hätte ich
Du, plötzlich vor mir, so nah, da muss ich erst mal
So angenehm es mir ist, du wirst gewiss verstehen, dass ich
Womit ich nicht gesagt haben will – aber so wie du mich ansiehst
Schon das letzte Mal warst du irgendwie, auf eine befremdliche Weise
Doch! und überhaupt mag ich mich mit dir nicht jedesmal wieder von Neuem
Ich sage es dir in aller Offenheit: Mit dir will ich in Zukunft rein gar nichts mehr
Geh! Hau ab! Bleib mir vom Hals. Ich kenne dich nicht. Mit dir habe ich ab sofort
Oh, wie ich dich hasse! Hätte ich einen Revolver, ich würde dich auf der Stelle, jawohl
Nein, bleib! Geh nicht weg. Ich habe solche Angst. Ohne dich fühle ich mich so furchtbar
Sei doch nicht immer so empfindlich. Man wird doch noch die Wahrheit sagen, oder was denn

Ich soll nicht immer so empfindlich? Man werde doch noch die Wahrheit sagen, oder was denn
Ich, bleiben, nicht weggehen? Du hast solche Angst? Ohne mich fühlst du dich so furchtbar
Oh, wie du mich hasst! Hättest du einen Revolver, du würdest mich auf der Stelle, jawohl
Geh? Hau ab, bleib mir vom Hals? Du kenntest mich nicht? Mit mir hättest du ab sofort
Du sagst es mir in aller Offenheit: Mit mir willst du in Zukunft rein gar nichts mehr
Doch! und überhaupt magst du dich mit mir nicht jedesmal wieder von Neuem
Schon das letzte Mal wäre ich irgendwie, auf eine befremdliche Weise
Womit du nicht gesagt haben willst – aber so wie ich dich ansähe
So angenehm es dir ist, ich muss wohl verstehen, dass du
Ich, plötzlich vor dir, so nah, da musst du erst mal
Darauf warst du nicht – obwohl, damit hättest du
Ehrlich, du hättest mich zuallerletzt
Es ist möglich! Ich hier!
Na, bitte! Ich! Ich!

Ratschlag zum Verzehr der Seidenraupe

In der einen Hand hältst du die Tüte aus Zeitungspapier
Den spitzen Span in der andern, ziehst
Langsam den Duft durch die Nase
Bevor du sie wählst
Deine Feuerprinzessin
Die mit den zierlichsten Füßen
Warm soll sie sein, von goldenem Braun
Feingliedrig und zart.

Du spürst den prallen Körper zwischen den Lippen
Auf der Zunge ein Räkeln, Liebesworte
Von herber Sinnlichkeit, ein kaum hörbares
Knacken verrät, dass deine Zudringlichkeit
Sie in Erregung versetzt.

Schließe die Augen und geh
Mit gezügelter Glut
Bis ans Ende.

Quartier

Vor meiner Loge nimmt der Abend
den gewohnten Szenenwechsel vor
stellt die Gäste im Saal
des Hotels schräg gegenüber
vor das Buffet schaltet das Licht
über der Bar auf rot
die Wagen der Pendler hat er abgezogen
feine Riemchen um die Fesseln
der wartenden Frauen geschlungen

Auf meinen Tisch legt er Bücher und Stift
im Takt der Stunden wächst
still das Vergnügen.

Nachtarbeit

In der Nacht als das Bombenirrspiel
im Fernsehen einsetzt
steht bei der Garageneinfahrt
an der versenkbaren Säule ein Mann
von Scheinwerfern geflutet die
im Zimmer lange Parabeln
ziehen über Palmen tief gebeugt
vor einem Stück Elektronik

Lange nach Mitternacht noch
geistert sein Schatten über die Decke
der rauchenden Stadt

Mit leichtem Drehen der Hand
die Säule versenkend fährt er hinunter
in unseren Bunker und kommt
pfeifend wieder heraus.

Späte Sonne

Über der wegfahrenden Stadt
Steht sie tief. Steht sie?
Sie stand. Vom Tunnel hinter
Den Jura geworfen und
Begraben ihr Tag.

Begraben das Licht. Doch jenseits
Knapp über den Grat
Steigt sie noch einmal. Die Strahlen
Am letzten Wipfel
Ins Dunkel gebrochen

Ins Dunkel beidseits des Wagens
Schießt sie plötzlich steil auf
Brechende Gläser brennende Ziegel
Vor den Barrikaden der ostwärts
Schwarz gestaffelten Schatten.

Gestaffeltes Schlagen der Nacht
Und da! Auf fliegendem Segel
Greift sie über den Fluss nochmals nach dir
Der vor der auferstandenen Glut
Zu Tode erschrickt.

1968

Als wir Worte wurden
Ungeheißen
Einen Satz machten
Mit wachsenden Gliedern
Über Punkt und Komma hinaus

Als die Titel wir stürmten
Die Metaphern umstürzten
Neue Zeilen ausriefen
Im Flattersatz tanzten zu Liedern
Die wir fortlaufend erfanden

Den Weltenschreibern
Ins Layout fuhren
Den Blick in die Ferne gerichtet uns paarten
Oder ein Kolon schleckten

Kleine Sinnsprünge die wir waren
Frierend im ewigen Weiß mit unseren
Skandierten Seufzern
Ungebundene Bücher füllten

Als wir uns auflösten abfielen verblichen
Kaum sichtbare Narben
Vertiefungen winzige Noppen
Auf dem Papier hinterließen das seither
Nicht mehr ganz glatt ist.

Nein. Nie!

Es liegt auf der Hand
Nein nichts liegt
Auf der Hand
Rein gar kein
Es auf
Nichts!

Ich nehme den Weg unter die Füße
Nein den
Nehme ich die
Keinesfalls
Unter Füße
Nix Weg!

Ich singe aus voller Brust
Nein aus
Voller nicht
Brust
Ich singe
Tausendmal nie aus!

Versinkender Tempel

Früher Ibis

Fein gebogener Schnabel
Im Spiegel des Teichs
Sich berührend und lautlos
Gehobene Schwingen

Aus Wellen ein Nest
In die Mitte
Legt die Sonne
Ein silbernes Ei.

Roter Ballon

Aufrecht ist er
leicht noch wie Luft
flussaufwärts geschwommen
der Strömung entgegen
Segel und Tau
gesteuert vom Wind

Nun ruht er
ein Zelt auf dem Grund
für die Hochzeit der Fische
und sein Feuer
das die Kinderaugen entzündete
züngelt noch immer um ihn.

Fischerlatein

noch ist das letzte wort
nicht gesprochen noch
weiß keiner mehr als alle
fischen im trüben november
ist es geworden noch
bleiben die aussichten vor
dem letzten wort hat keiner
mehr hoffnung als alle
fischen im schweigen
der kurzen tage nach einer
aussicht wo keiner noch weiß
die hoffnung zu fischen
aus letzten noch worten.

Erinnerst du dich?

Ob du dich und
Wir saßen am Zaun
Mit nassen Beinen
Auf offener See

Waren wir Segel
Fraß mich ein Hai
Mit spitzen Zähnen
Dein Mund

Ob du die Gischt
Und ein Delphin der
Die Füße uns schleckte
Und bellte

Am kleinen Platz

Im nassen Gewühl bin ich
einen Moment stehengeblieben
hochblickend am Baum mit den drei Millionen
erleuchteten Kugeln
in jeder von ihnen dreht sich eins
meiner drei Millionen Augen
einen Lidschlag lang zum Licht
des Rundbogenfensters unter dem Giebel

Über mir gehn die Passanten
um die zitternden Tropfen herum
wandern in Trauben
hinaus zu den leichten
blattlosen Spitzen

Springen kopfüber
Windstoß für Windstoß
vor Schwere gelöst
durch die Rundbogenluft
auf ihren eigenen Arm
den Hut
die Hand
den Schuh
zerplatzend an sich selbst

Und in den Wasserstraßen der Zweige
perlen sie dort über den Platz
sickern durch eine der Gassen

Fort in die dunklen
labyrinthischen Häuser.

Jonas

Ausgespuckt eines Tages
Ging ich an Land
Nahm das Meer unter das Lid
Wanderte fort
Wanderte blind
Wandere immerzu
Unterm Lid sein Gesang.

Der Kajakfahrer

Ein Glucksen ein Tuscheln das
Vorwortliche Rieseln der Wände
Im Ursee vor Tag kein Zugang

Kein Abfluss im Dunkel
Schmerzloses Wenden bis plötzlich
Aufbricht der Wildwasserspalt

Ein Sturz durch die Wirbel
Durchs Becken ein Schwall
Blut aus offenem Mund

Stößt du den Schrei
Und auf dem Lichtbett zerplatzt
Die Haut um dein Boot.

Begegnung

Vor mir auf dem Weg
Zwei Wanderer im Regen
Auf dem Weg zwei Wanderer unter mir

In einer Pfütze
Der Himmel gespiegelt
Der Himmel mit meinem Gesicht in der Pfütze

Ein Paar in Braun
Von Wolken gerahmt
Im Braun der Erde gerahmt ein Paar

Zerflossen so
In einen Regenaugenblick
Zerflossen in Wolken vor mir auf dem Weg.

Versinkender Tempel

Wirbel Gewelle ein Wogen im Kreis
Der Rest eines Giebels
Fratzen gehauen geschnitzt ein farbiger Löwe

Unter dem Spiegel sitzende Buddhas
Teppiche schwebend ein Brahma
Lotosblumen aus Gold oder ein Jesus

Aus den Hohlräumen Gemurmel
Aufwärts strebende Blasen
Mit weichem Glucksen zerplatzend

Im Wind, dem unaufhörlich
Über das Wasser hin
Ziehenden Wind.

Der Wasserskifahrer

Aufrecht geht er schwebt er
Segnend mit ausgebreiteten Armen
Über das Wasser. Ein Beugen des Knies
Wirft die aufschießende Sonne
Aus ihrer Bahn nach rechts
Legt sich nach links legt sich sein Scheitel
Dreht wie der Zeiger der Uhr
Sich im Kreis der niemals ihm
Unter den Füßen sich schließt

Dunkel die Spur hinter ihm
Läuft an die Ufer läuft
In die Mitte zurück wo eben er war
Bevor er segnend noch immer nach rechts
Ausschwingend nach links am Horizont dort
Als pulsierender Punkt zwischen zwei
Mondgleich aufglänzenden Flügeln sich
Erhebt und auffährt und im Himmel
Erlosch.

Schubertiade

Ziehen lassen alles einfach
Liegen lassen den Weg hinunter
Zum Fluss mit allem
Ziehen im Gleichtakt von Dächern
Fahnen dem Bellen der Hunde
Den Gärten nichts wissen

Und dreht in den Händen ein Blatt
Von Pausen und Noten
Nichts wissen vom Lindenbaum zieht
Ein Geruch durch die Luft
Lässt singen die Bäche den Wind
An allem vorbei hinunter zum Fluss

Geht ohne Brunnen und Dorf
Lässt ziehen die Wolken
Die Zeiten die Toten
Vor dem Tore lässt allem den Lauf
Und dreht das Blatt lässt gehen den Weg
Am Fluss über die Brücke.

*Der Verlag dankt den Erziehungs-
departementen beider Basel, dem Lotterie-
fonds des Kantons Solothurn sowie dem
Migros-Kulturprozent für die Unterstützung
der Drucklegung dieses Buches.*

  MIGROS kulturprozent

waldgut lektur

1 essay
Franz Wurm. Blaue Orangen
oder Das Auge der Pallas Athene
Segmente eines Umgangs um Dichtung

2 erzählung ethnologie
Amélie Schenk. Onon. Wem der Fluss singt
Nomaden, Schamanen und eine sibirische Flussfahrt

3 reden
Galsan Tschinag. Die Verteidigung des Steins gegenüber dem Beton
Die Mongolei zwölf Jahre nach dem Umbruch
Zwei Reden

4 gespräch literatur
Edmund Keeley/Giorgos Seferis. Ein Gespräch
Aus dem Englischen und Griechischen
von Fred Kurer, Clemens Müller und Evtichios Vamvas

5 erzählung ethnologie
Wu Re Er Tu (Sohn des Waldes)
Uralt wie die Dämmerung
Zwei ewenkische Schamanen
Zwei Erzählungen
Aus dem Chinesischen von Marie-Luise Latsch und Helmut Forster-Latsch

6 poesie
Xiao Kaiyu. Im Regen geschrieben
Gedichte
Aus dem Chinesischen von Raffael Keller

7 prosa
Erica Engeler. Die Überfahrt
Erzählung

waldgut lektur

8 poesie
Ingrid Fichtner. Luftblaumesser
Gedichte

9 poesie
Werner Lutz. Farbengetuschel
Frühe Gedichte (vergriffen)

10 poesie
Ivo Ledergerber. Rom
Jemandem erklären // wo der Weg ist // der hinführt // wohin er will
Gedichte

11 erzählung ethnologie
Amélie Schenk. Im deckellosen Land
Nomadische Geschichten aus der Mongolei

12 poesie
Iren Baumann. Die Gesichter schon weiß
Gedichte

13 poesie
Elisabeth Wandeler-Deck. (Gelächter über dem linken Fuß)
es gibt // ausgesetzt // bin trödeliges heute // Hühnerfleisch // ausgemacht
Gedichte

14 poesie
Ivo Ledergerber. Aus dem Maghreb
Gedichte, deutsch und französisch
Ins Französische von Brigitte Deschenaux und Liselotte Naegeli

15 poesie
Irène Bourquin. Angepirscht die Grillen
Gedichte

waldgut lektur

16 poesie
Werner Bucher. Du mit deinem leisen Lächeln
Gedichte

17 essay
Jochen Kelter. Ein Vorort zur Welt
Leben mit Grenzen
Essays und Texte aus der Schweiz

18 poesie
Sinan Gudžević. Römische Epigramme
Gedichte
Aus den serbokroatischen in deutsche Distichen übertragen
von Petra Kordmann

19 essay
Wieland Grommes. Vermessungen, Vermessenheiten
Kartografische Fragmente

20 essay
Jochen Kelter. Ein Ort unterm Himmel
Leben über die Grenzen
Essays und Texte

21 poesie + bild
Tanikawa, Shuntarô: Fels der Engel
Gedichte zu Zeichnungen von Paul Klee

22 poesie
Rudolf Bussmann. Im Stimmenhaus
Gedichte

23 erzählung
Irène Bourquin. Im Nachtwind
Siebenundfünfzig gestochen scharfe Erzählungen